Conoce a los caballos

Los caballos American Paint

por Rachel Grack

Bullfrog en español

Ideas para padres y maestros

Bullfrog Books permite a los niños practicar la lectura de textos informativos desde el nivel principiante. Las repeticiones, palabras conocidas y descripciones en las imágenes ayudan a los lectores principiantes.

Antes de leer
- Hablen acerca de las fotografías. ¿Qué representan para ellos?
- Consulten juntos el glosario de las fotografías. Lean las palabras y hablen de ellas.

Durante la lectura
- Hojeen el libro y observen las fotografías. Deje que el niño haga preguntas. Muestre las descripciones en las imágenes.
- Léale el libro al niño o deje que él o ella lo lea independientemente.

Después de leer
- Anime al niño para que piense más. Pregúntele: ¿Has visto alguna vez un caballo? ¿Cómo era?

Bullfrog Books are published by Jump!
5357 Penn Avenue South
Minneapolis, MN 55419
www.jumplibrary.com

Copyright © 2026 Jump! International copyright reserved in all countries. No part of this book may be reproduced in any form without written permission from the publisher.

Library of Congress Cataloging-in-Publication Data is available at www.loc.gov or upon request from the publisher.

ISBN: 979-8-89662-139-3 (hardcover)
ISBN: 979-8-89662-140-9 (paperback)
ISBN: 979-8-89662-141-6 (ebook)

Editor: Katie Chanez
Designer: Molly Ballanger
Translator: Annette Granat
Content Consultant: Becky Robb Hotzler; Wells Creek Wild Mustang Sanctuary; This Old Horse, Inc.

Photo Credits: Rita_Kochmarjova/Shutterstock, cover, 3, 6–7, 24; from O/Shutterstock, 1; Zuzule/Shutterstock, 4, 23tm; Astarphotographer/iStock, 5; ktmoffitt/iStock, 8, 23bl; Vera Zinkova/Shutterstock, 9, 23tl; terdonal/iStock, 10–11, 23tr; DaydreamsGirl/iStock, 12–13, 23bm; MoMo Productions/Getty, 14–15; Ellen Isaacs/Alamy, 16–17; Tom McGinty/Shutterstock, 18, 23br; catnap/Alamy, 19; PacoRomero/iStock, 20–21; Lenkadan/Shutterstock, 22.

Printed in the United States of America at Corporate Graphics in North Mankato, Minnesota.

Tabla de contenido

Caballos coloridos 4
Un vistazo a un caballo American Paint 22
Glosario de fotografías 23
Índice 24
Para aprender más 24

Caballos coloridos

¡Veo caballos corriendo! Ellos son **coloridos**.

Son caballos American Paint.

Los caballos American Paint son de diferentes colores.

Pero todos ellos tienen marcas blancas.

¡No hay dos que se vean iguales!

Nieve tiene un **pelaje** blanco. Su cabeza es negra.

pelaje

Nero es un **alazán**.

Sus patas son blancas.

Estrella tiene un **hocico** blanco.

Ella come hierba.

Los caballos American Paint trabajan duro.

Max ayuda en el **rancho**.

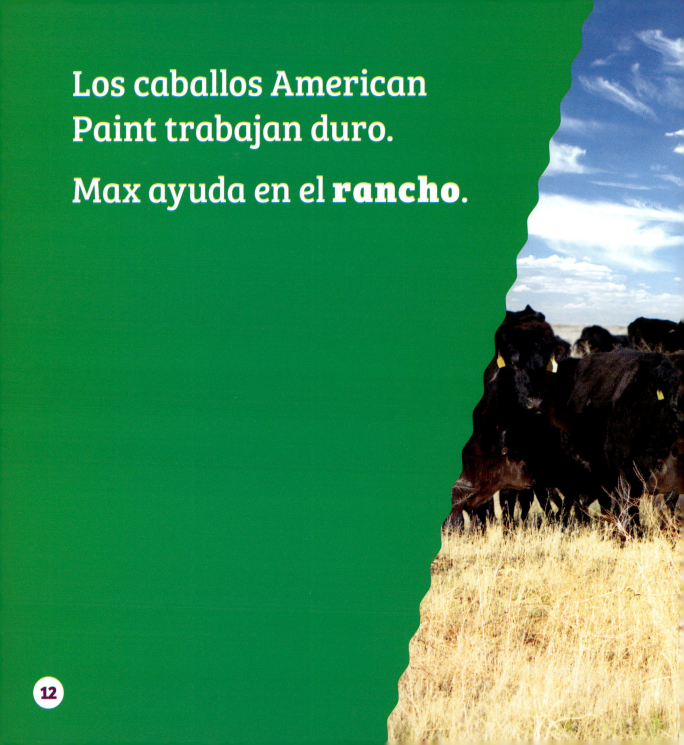

Niebla da paseos.

Los caballos American Paint son listos.

Ellos aprenden trucos.

¡Príncipe salta!

Rey es un caballo de **rodeo**.
Él compite alrededor de barriles.

barril

Diana compite alrededor de palos.

19

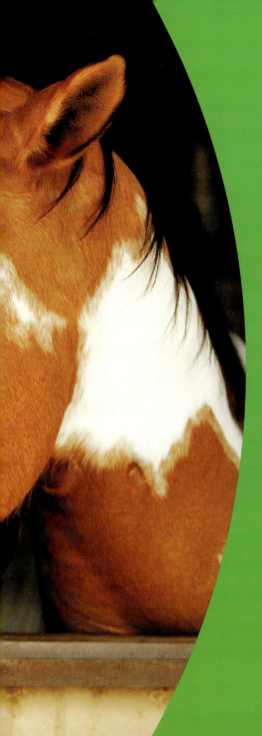

Los caballos American Paint son amables.

Son buenos amigos.

Un vistazo a un caballo American Paint

¿Cuáles son las partes de un caballo American Paint? ¡Échales un vistazo!

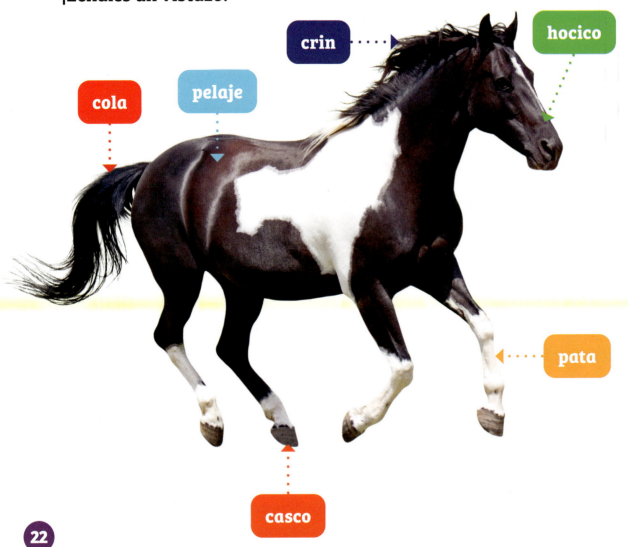

Glosario de fotografías

alazán
Un caballo con un pelaje en parte café o castaño rojizo y una crin y cola negras.

coloridos
Que tienen muchos colores.

hocico
La nariz y boca de un animal.

pelaje
El pelo de un caballo.

rancho
Una finca grande para ganado, ovejas o caballos.

rodeo
Un deporte en el que los jinetes presumen sus habilidades con los caballos.

Índice

alazán 9
colores 6
come 11
compite 18, 19
corriendo 4
hocico 11
marcas 6
paseos 15
pelaje 8
rancho 12
rodeo 18
trucos 16

Para aprender más

Aprender más es tan fácil como contar de 1 a 3.

① Visita **www.factsurfer.com**

② Escribe "**loscaballosAmericanPaint**" en la caja de búsqueda.

③ Elige tu libro para ver una lista de sitios web.